Home Terra Preta – Hausmacher-Schwarzerde

Was sind die Gründe für ein Gärtnern außer Hobby? Bio? Es gibt Bio-Läden falls mein Lohn dies hergibt.

Nun unabhängig der Gründe hier geht es rund um die Schwarzerde, in den Stadien, Anwendung und zusätzliche Tipps in Bezug auf den Boden.

AF176350

Die verschiedenen Böden und Pflanzen

Die Pflanzen wollen wie die meisten Lebewesen auch nur eins. Ein Platz an der Sonne, ein kühlen Drink ohne Eis und Essen.

Die Kinder legen sich einfach in die Sonne, wobei ältere sich einen Liegestuhl mit Sonnenschutz suchen. Aber auch in den heißen Ländern gehen die Kinder im Sommer zur Mittagszeit in den Schatten. Es gibt Vegetarier und Fleischfresser, wie zum Beispiel eine Venusfalle.

So sind auch die Böden verschieden. Es gibt Stufen von Trocken bis Nass. Die Distel braucht Wasser, kommt aber mit wenig aus, der Reis steht wie Schilf praktisch im Wasser. Seerosen schwimmen darin.

Manche sind sehr hungrig und wollen viel Nährstoffe andere weniger. Woher weiß ich aber, welche Pflanze was braucht. Am besten „fragt" man die Pflanze wo sie herkommt.

Früchte gibt es meistens an Bäumen und Sträuchern, der meiste Wald steht in Schwarzerde. Früchte sind Reich an Vitamine und Nährstoffe, weil sie ihrem Pfleger zurückgeben was sie bekommen haben.

Gemüse findet man kaum in den Wäldern sind aber nicht weniger Nahrhaft, also brauchen sie auch ihre Nährstoffe.

Wenn das Gemüse die Wurzeln sind, brauchen sie nicht ganz so viel Nährstoffe, denn ihr Essen ist ja Buchstäblich um sie herum. Zum Beispiel Karotten, Radieschen, Kartoffeln...

Andere brauchen mehr, denn sie müssen diese erst transportieren und die Transportkette muss ja auch gut versorgt werden. Wie Tomaten, Bohnen, Kürbis, Erbsen...

Gurkenpflanzen auch Zucchini wollen ein Platz an der Sonne aber bitte mit Sonnenschutz, die Blätter bedecken durch ihre Größe die Frucht.

Kürbisse sind die Großen und Kleinen, Dickerchen, der Bauch kommt ja nicht durchs Fasten. Aber er schaut auch schon unter dem T-Shirt raus, sollte aber bitte kein Sonnenbrand bekommen.

Das Blattgemüse, Spinat, Rucola, Blattsalat. Manche Menschen wenn sie es serviert bekommen sagen, >>das ist Kaninchenfutter<<. Nun ja so falsch ist es ja nicht. Das Kaninchen kommt vom Feldhasen. So kann man Rucola auch manchmal auf der Wiese finden ohne es zu säen. Ihr Bedarf liegt bei durchschnittlich in den Nährstoffen, bei zu viel Sonne wird jede Wiese gelb erst Recht wenn es länger nicht geregnet hat.

ABER es gibt einen Unterschied zwischen eine Gemüsereihe und der Wiese.

Wenn sie einer Wiese viel Wasser geben, steht sie unter Wasser, geben sie die gleiche Menge einer Gemüsereihe, steht das Wasser nicht so schnell.

Dies ist weil die Wurzeln einer Wiese einen Wurzelteppich gebildet haben der fast so dicht ist wie eine Filzdecke. Durch das Unkrauthacken, Grubern und Pflügen, verhindern wir aber solche Bildung von „Unkraut" hat dies also Vor- und Nachteile.

Getreide steht dicht genug zusammen um dieses Netz schnell zu bilden. Es ist ausgesuchter Bestandteil einer Wiese.

Ein weiterer Weg den Bedarf der Pflanze zu erkennen ist der größere Kreis der Herkunft.

Tomaten zum Beispiel kommen aus Lateinamerika, welches tropisch ist. Daher ziehen die meisten die Pflanzen im Gewächshaus vor, weil sie es halt warm mögen. Kartoffeln mögen es eigentlich auch. Die Winterkartoffeln sind modifiziert, durch Zucht angepasst.

Karotten, und Radieschen zum Beispiel sind Nordeuropäisch, weshalb man sie recht früh aussähen kann.

In der Regel lässt die Natur einen nicht verhungern vor der Hitze- oder

Kälteperiode je nach globale Region gibt es eine Haupterntezeit wo es viel lagerfähige Vitamin und Mineralbomben gibt um genau diese Naturerholungszeit zu überstehen. Dann wird kräftig gegossen, damit schnell wieder neu geliefert wird und damit wir kein Pflanzenfaserleder essen müssen, gibt's auch viel zu trinken in der Ernte Zeit, frisch und saftig soll die Ernte sein.

Wie stelle ich Schwarzerde her?

Ein ganz natürlicher Weg, den die Natur uns als Kreislauf zeigt.
Ein Tier oder Mensch kommt und nimmt sich was es/er braucht. Der Rest bleibt stehen, fällt zu Boden wird dann doch gegessen, oder verrottet. Das Resultat, Restekompost. Wenn es dumm läuft, kommt ein Jäger und das Tier oder Du bist auf der Speisekarte. Das Skelett = Kalk bleibt zurück.
Dann gibt es mal ein Wald- und/oder Wiesenbrand und schon ist auch Kohle da, welches mit dem nächsten Urin aktiviert wird.
An der Ereignismenge können sie auch sehen wieviel Kalk und Kohle im Verhältnis zum restlichen Kompost gebraucht wird. Denn Ern'eteste und Laub gibt es jedes Jahr neu. Und Wildlife-Kameras stellen wir ja auch nicht auf um zu zählen wie oft Tiere auf einer Stelle auf die Toilette gehen.
Jedoch haben wir nun alle Zutaten.
Organische Reste, Kohle und Kalk.
Wenn wir bei den organischen Resten auch die Toilette mitbenutzen, aktivieren wir damit auch die Kohle.

Handelsüblicher Komposter

Etwas Kalk ist immer im Dünger, allerdings empfehle ich die Endmenge des Kalkes erst beim Einsatz zu bestimmen nach dem Bedarf der Pflanzen die dort wachsen sollen.

Wie sie an dem Bild sehen können, steht meiner etwas erhöht.
Ich habe ein Palette aufgestellt und ein Fliese daraufgelegt. Dies ermöglicht
eine einfachere und saubere Entnahme der Schwarzerde.
Wer noch nicht weiß das in den Komposter nur organische Abfälle, also
kein Plastik, Metall... hineingehört, hat es ja jetzt gelesen.

Die Verwendung von Trockentoilette

Die Verwendung von Trockentoilette ist ohne Chemie gewünscht also ohne
Bakterienkiller und der gleichen.
Es gibt 2 Methoden trockene und feuchte Toilette trennen oder die
komplette Toilette trocken legen, mittels Spänen oder ähnlichem
organischen saugfähigen Stoffen.
Wenn sie trennen, können sie die trockene Toilette direkt auf dem Kompost
tun und mit Stroh oder durch wenden mit älterem Kompost, verhindern sie
die Geruchsentstehung und halten die Freundschaft zu ihren Nachbarn.
Mit dem nassen Anteil gehen sie wie mit der Komplettoilette um, - mit
organischen saugfähigen Material trocken legen.

Baumischbehälter, Teilabdeckung durch eine Fliese

Bei dem Flüssiganteil oder gesamt Toilette kann man dann etwas Holzkohle
oder Kohle und Kalk dazu mischen.

Ein kleines Beispiel von Kohle und Kalk

Bitte auch hier mit einem Deckel abdichten um eine Geruchsbelästigung vorzubeugen.
Tierstreu bzw. eine Ausmistung von Haustieren (keine Katzentoilette), sollte die Toilette trocken sein. Schließlich ist die Trocknung der Grund warum wir eine Streu (Späne, Stroh...) verwenden. Auf dem Kompost kann es aber nicht Schaden noch etwas, Gras, Stroh oder Späne drauf zu tun.

Reifezeit

Normale organische Küchenabfälle haben eine Zeit von ungefähr 3 Jahren bis sie Komposterde sind.
Nun haben wir vor allem bei Verwendung der Trockentoilette oder Tierstreu auch Papier, Späne oder Stroh dabei.
Ohne die Streu könnten sie die Toilette von Mensch direkt aber ganz sicher nach einem Monat verwenden.
Toilettenpapier, Taschentücher... benötigen 1-5 Jahre, allerdings ist dieses Papier nicht den Pflanzen oder Keimlingen hinderlich. Manche lassen in einem gefaltetem Küchenrollenblatt Samen Vorkeimen.
Auch Stroh und Späne sind nicht wirklich hinderlich, in heutigen Gärten wird Mulch sogar als Unkrautblocker benutzt. Dies bedeutet es dauert nur etwas länger, bei Spänen zum Durchkeimen und beim Stroh schlängeln sich die Keimlinge nur durch.
Blätter und Späne liegen jedoch dicht bei einander und lassen die zur Verrottung nötigen Luft schlecht durch. Daher sollte man immer nur etwas in den Kompost zufügen gut einmischen.
Pflanzen sind zwar kannibalisch, anderen organischen Resten gegenüber, so das sie auch zwischen Küchenabfällen pflanzen und säen könnten, jedoch würde der Schimmel und andere Verrottungsorganismen auch keinen Unterschied vom totem organischem Material zum Keimling machen. Aber viele Obst und Früchte am Boden oder bereits bedeckt, beginnen zu keimen wenn sie Samen enthalten.
Schnellkompostierungsmittel nehme ich persönlich nicht. Geben sie auch dem Boden Zeit. Außerdem frage ich mich wie lange es bei solchen Mitteln dauert bis sie vollständig abgebaut sind.

Stufe 1

Ich habe es mal in 3 Stufen eingeteilt, wobei ich nicht einteile, wann sich welcher Nährstoff entwickelt, sondern mehr in 3 Jahren.
Im ersten Jahr haben sich Obst, Gemüse, aufgearbeitete Lebensmittel wie Salate, (Käse sind wegen Madengefahr nicht erlaubt), Brotreste, Trockenteil

der Toilette... komplett in Schwarzerde verwandelt.
Auch Einstreu kann nach einem Jahr verwendet werden.
Hierzu ist allerdings zu beachte Einstreu wird ja dazu verwendet den Stall...
trocken und sauber zu halten.

Spinat im Spaneinstreu

Hier ein nicht so empfehlenswertes Beispiel Einstreu mit Spänen.
Ein häufigeres gießen ist notwendig. Aber, hier nicht so gut aufgenommen
weniger Fremdpflanzen (Unkraut).

Weniger problematisch ist die Stroheinstreu.

Kartoffelpflanze im Hühnerstroh

Kartoffeln sind leicht im Bedarf und gedeihen auch im Stroh somit haben sie im Hühnermist-Stroh sogar mehr.

Kohlrabi/Grünkohl in trockengelegter Toilette

Bei den Span enthaltenden Direktverwendungen, hat die Keimdurchbruchszeit 1-2 Wochen länger gedauert. Dies muss nicht sein bei mehr Wasser, aber wer damit rechnet, ist nicht enttäuscht über eine etwas längere Wartezeit.

Stufe 2

Also nach 2 Jahren, ist der volle Komposter nur noch halb so voll und das Gras ist größtenteils verschwunden, das Stroh ist kleiner.

Zucchini in 2 Jahreskompost

Stufe 3

Hat man eigentlich Terra Preta. Jetzt muss ich mich mal etwas korrigieren.
Terra Preta ist nicht gleich DIE Schwarzerde, wenn nicht genügend
Kohleanteile enthalten sind. Der meiste Garten Kompost ist daher keine
Schwarzerde wie man ihn in Säcken kaufen kann.
Hierzu bedarf es einen größeren Kohleanteil. Schwarzerde müssen sie auch
nicht jedes Jahr erneuern.
Hat der Boden dann keine Kohlenhydrate? Doch! Aber wenn ein Baum
fällt, und verrottet, haben sie erst braune Erde/Späne, dann kommt Erde
darauf. Über die Zeit haben sie Braunkohle, viel Später aber erst Kohle die
wir dann in den Ofen warfen...
Eile mit Weile, oder lass in „Blitzeseile" Wald und Feld abbrennen, zu
Verkohlung.

Anlegen von Reihen

Wenn Sie auf den Saattütchen schauen sind dort immer 2 Maße angegeben.
Der Abstand zwischen den Pflanzen und der Abstand zwischen den Reihen.
Nicht das die Natur Nachts heimlich mit einem Bandmaß die Samen
verteilen würde, aber wir nennen es den optimalen Abstand bei maximaler
Pflanzenkapazität. So sind wir halt – wir Menschen.
Natürlich schreibe ich dies jetzt nicht weil keiner eine Schnur spannen kann
und von dieser Schnur in parallelen Abstand, nach Abstandsmaß der
Samenanforderung, weitere Schnüre spannen kann.
„Aber wenn schon denn schon!"
Zuerst spannen wir eine Schur für die Länge der Reihe, am besten ein
vielfaches von 4.
Für das Beispiel nehme ich jetzt 4 Meter. (oder Spanne die Schnur länger
als 4 Meter je nach Reihenlänge und markieren bei 4 Meter die Schnur mit
einen Kohlestift, Kugelschreiber...)
Dann nehmen sie eine Schnur mit 8 Metern, auf welcher sie eine
Markierung bei 5 Metern (Rest 3 Meter) machen. Nehmen Sie 2
Stecknadeln und einen Stock oder Tomatenstab...
Mit den Stecknadeln befestigen sie das Ende der Schnur an dem die 3 Meter
enden. Am Punkt Null der ersten Schnur und das andere Ende an 4
Metermarkierung. Nun nehmen sie den Stock, Tomatenstab... und gehen
entlang der zweiten Schnur bis zur 5 bzw. 3 Metermarkierung sodass ihre
beiden Schnüre ein Dreieck darstellen und stecken den Stock, Tomatenstab
in die Erde.
Durch den Satz des Pythagoras haben sie sich nun einen rechten Winkel
abgesteckt.

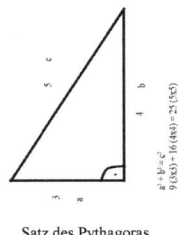

Satz des Pythagoras

Die 3 Meter verlängern sie nun über die ganze zu bepflanzende Fläche.
An die zuletzt verlängerte Schnur (vorher 3 Meter) können sie nun die
Reihenabstände markieren.
Wenn sie nun eine Schnur nehmen die die gleiche Reihenlänge, Länge hat
und eine weitere die die gleiche Länge wie die verlängerte 3 Meterschnur
befestigen sie jeweils ein Ende mit den nicht rechtwinkligen Enden des
Dreiecks und verbinden sie das jeweils übriges Ende zu einem neuen
rechtwinkligen Dreieck.

Nun können sie an der 3 +X und an der verlängerten Schnur - a - Reihen im
parallelem Abstand zu einander abmessen und anlegen.
So können sie jede Fläche in einem rechten Winkel ausmessen. Zum
Beispiel auch Baufundamente und andere Flächen.

Ebenen

So haben die Ägypter... die Baute vermessen.
Die Ägypter, Maya und andere Pyramiden und Tempelbauer haben viel
nach der Sonne geschaut und berechnet.
Oder warum haben viele große Komplexflächen aus der damaligen Zeit
einen Obelisken mitten auf dem Platz stehen.
Die Sonne geht immer im Osten auf. Und wenn der Architekt mit der
Wiedergeburt des Sonnengottes auf dem Platz steht, liegt der Schatten des
Obelisken in einer Linie nach Westen.
Nun „ersetzen" sie den Schatten mit der 4 Meter Schnur beziehungsweise
spannen sie eine Schnur entlang des Schattens.

Da wir aber kein Obelisk (Sonnennadel) mitten in den Beetereihen wollen,
müssen wir natürlich die Sonnennadel im Punkt Null stecken und müssen
den Schatten zur anderen Seite, Richtung Osten verlängern. Nun sind wir
wieder beim Kapitel Reihenanlegen, haben aber unsere Gemüsereihen nach

der Sonne ausgerichtet.

Weniger spektakulär aber auch effektive ist es, wenn Sie als Linie B eine Hauswand, einen geraden Gartenzaun oder ähnliche gerade, feste Anhaltspunkte nehmen.

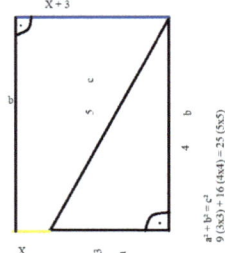

Das ganze Jahr durch

In unseren Regionen haben wir immer noch Winter wo mit Frost und Schnee gerechnet werden muss.

Aber unsere Botaniktrainer haben auch hier gearbeitet, dass man nicht nur Schneekugeln essen und Eisblumen pflücken kann im Winter.

Vor Schneeabdeckung geschützt in einem Minigewächshaus oder einfach nur ein Folienzelt/Tunnel können sie zum Beispiel Petersilie ernten, lassen sie einfach von jeder Pflanze ein paar Stengel stehen.

Bildet sich dann ein Stamm schneiden sie alles über der Wurzel ab.

Kresse und Basilikum halten im Zimmertopf auch keinen Winterschlaf.

Einfach immer nur einzelne Blätter von einer Pflanze pflücken.

Petersilie und erntefähige Winterzwiebeln

Oder man steckt Winterkartoffeln und Zwiebel unter Tunnel oder ähnliches.

So können Sie zum Beispiel die Reihen nutzten die Sie später im Folgejahr nutzen wollen wenn sie die Stecklinge aus dem Frühbeet holen wie Tomaten, Kürbis, Zucchini und Co. Also die die es warm lieben. Sogenannte Graspflanzen Roccula, Spinat... können auch mehrmals im Jahr gesät und geerntet werden. Wenn sie auch hier wie bei der Petersilie verfahren müssen sie weniger neu sähen.

Mischkulturen geben oft auch versetzt ihre Ernte, sorgen für ein Erhalt des grünen Anblicks und halten das Grundwasser vom absinken ab, nach einem Regen oder dem Gießen.

Die meiste Zeit gibt uns der Himmel Wasser, im Winter halt als Schnee. Der gibt den Pflanzen Wärme in kleinen Schlückchen Wasser, damit sie nicht zu viel Wasser im Körper haben, welches dann darin zu Eis wird und sie bei der Ausdehnung zerreißt. Denn Wasser wächst um das 9 fache seinen Volumens wenn es zu Eis wird. Die würde dann die Blätter und Stiele buchstäblich zerreißen. Ist der Boden gefroren gibt es kein Wasser und die Pflanze geht in totaler Ruhephase.

Winter

Wasser dehnt sich um das 9 fache aus beim gefrieren, die Pflanzenphasern zerreißen

Raginmund

Pflanzen die nur 1 bis 2 Monate brauchen bis man etwas ernten kann aber die Hitze nicht so sehr mögen kann man dann im Frühjahr und im Herbst aussähen.

Man sollte auch beachten ob Pflanzen Mehr- oder nur Einjährig sind.

Was heißt eigentlich Einjährig genau?

Auch einjährige Pflanzen können wiederkommen. Die Natur lässt keine Pflanzen für immer verschwinden von sich aus.

Eine Pflanze bildet in den Blüten oder Früchten von Natur aus neuen Samen um sich neu auszusäen. Lässt man dies zu braucht man sich nur den Standort merken und sollte mit Wohlwollen der Natur auch neue einjährige

Pflanzen haben.
Wenn sie bei einer mehrjährigen Pflanze die Wurzel entfernen oder
beschädigen, dann kann sie im nächsten Jahr nicht wiederkommen.
Wenn sie bei den Kartoffeln pro Pflanze immer eine Kartoffel im Boden
lassen haben sie auch im Folgejahr dort wieder Kartoffeln. WENN nicht
Wühlmaus und Co. eigene Pläne hatten.

Geben und Nehmen

Na ja nehmen tun wir gerne – geben oops...
Aber ein Topf der leer ist muss halt erst wieder gefüllt werden.
Nur was will die Erde eigentlich?
Früher hat man eine 3 Felder Kultur gehalten. In einem Jahr Getreide und
calziumhaltige Pflanzen wie zum Beispiel die Tomate und im Folgejahr
Pflanzen die mehr ein Säuregehalt wünschen, Kürbisgewächse,
Gurkenpflanzen... dann hat man die Pflanzenreste auf den Feldern
untergegrubert, ab und an pflanzliche Kohle mit reingemischt und die
anderen biologischen Hausabfälle. Im dritten Jahr hat man den Boden die
Kompostzutaten verarbeiten und mischen lassen.
Heute geht man eher „Planlos" daher man düngt den Boden komplett durch,
egal was gebraucht wird.
Dafür brauchen wir den Boden nicht ruhen lassen. Würden wir den PH und
Kalkwert testen, würden wir einiges Sparen. Leider stehen aber auf den
Samentütchen keine PH-Wertangaben mehr.
Ohne Samen und/oder zurückgelassener Wurzel (Karotten, Kartoffeln...)
kommt nichts. Na ja vielleicht durch Eichhörnchen, Vögel... aber die
kennen ihre Gartenplanung nicht. Also werden auch Samen und
Steckpflanzen gebraucht. Wenn sie nicht im Gewächshaus oder ähnlichem
Vorziehen, müssen sie mit Verlust rechnen. Manches geht nicht auf, wird
vorher gefressen... Jesus erklärte das schon seinen Anhängern. Eine andere
Methode ist die der Naturvölker, ich nehme NUR was ich brauche, der Rest
ist für die Tiere (die ich jagen kann) und zur natürlichen
Selbstwiederaussaat.
Der Ursprung der Kultivierung lag einem anderen Geben und Nehmen zu
Grunde.
Das Jagen und Sammeln war nicht nur Erfolgsunsicher sondern auch Zeit
aufwendig. Durch die Vorortkultivierung brauchte man nicht suchen, lockte
auch Tiere an, die man erlegen konnte, aber vor allem konnte man noch
andere Dinge erledigen in der gewonnen Zeit. Koordinatoren und
Schamanen konnten aufsteigen, zu Fürsten und Halbgöttern. Schamanen
konnten stärker und mehr meditieren und besser (wie wir heute nennen

würden) quantenphysikalische Effekte auslösen. Mediale und Mentale Techniken wuchsen. (Die Brücke zu den Geister und Götterwelten wuchs unter anderem.)

Zu guter Letzt brauche ich auch Wasser, viel kommt von oben durch Regen, aber im Sommer muss man hier und da noch dazu geben. Denn frisches saftiges Gemüse gibt es nur mit Wasser. Zuviel Wasser allerdings verwässert die Mineralien und Vitamine, ähnlich als würden sie ein Teelöffel Kaffeepulver für eine ganze Kanne aufbrühen. Sie haben nur eine Wasserflasche aus pflanzlichen Gewebe mit leichten Spurenelementen, die ihnen nur viel Zeit und Geld kosteten.

Die Sonne

Es gibt Sonnenanbeter und Schatten-liebende Pflanzen. Aber auch bei den Sonnenanbetern ist ein Übermaß zu vermeiden.

Pflanzen die es warm haben wollen, die man erst nach der Frostzeit pflanzt vertragen meist auch etwas mehr Sonne. Wie schon zuvor geschrieben, sind manche Gemüse selbst aber nicht so Sonnenfreudig und verstecken sich lieber unter großen Pflanzenblättern. Sie bevorzugen ihren Sonnenschirm. Man sollte daher aufpassen das die Erde nicht so sehr eine Aufhäufung ist (kleine Hügelreihe), sondern flacher damit die Blätter dies auch können. Furchen sie also besser den Boden etwas aus und füllen sie die Furche dann mit der fruchtbaren Erde auf. Gurkengemüse entwickeln sogar Giftstoffe in der prallen Sonne und sie schmecken dann auch bitter.

Kürbisse werden schneller reif bevor sie überhaupt ihre mögliche Größe erreicht haben.

Ein kleiner Gegensatz ist die Tomate. Na ja sie wurde ja auch aus Lateinamerika geklaut und eingebürgert.

Es gibt 3 Sonnenzonen, von der Sonne aus betrachtet.

Vor dem Haus, Hecken, Schuppen oder ähnliches.

Die Morgensonne trifft die Pflanze am meisten. Dies ist ok für Pflanzen die es etwas kühler vertragen. Die Sonne lässt die Pflanze aufwachen (sich öffnen) aber es ist noch nicht so warm. Sie sind am Abend wenn es noch warm ist, von der Restwärme des Mittags mehr im Schatten.

Weder vor noch hinter einem Gebäude, Hecke oder ähnliches. Hier kommen die Sonnenanbeter hin. Die Pflanzen haben die Sonne wenn sie aufsteht bis zum schlafen gehen der Sonne. Wenn sie die Pflanzen auf der Nordseite von etwas pflanzen haben sie auch ganztags Sonne aber nicht so intensive zur Mittagszeit da die Sonne im südlichen steht.

Auf der Ostseite stehen die Pflanzen etwas später auf, haben aber den ganzen Zeitraum wenn es gut warm ist die Sonne.
Wenn sie Hühner und Hähne oder auch nur einen Hahn als Düngelieferanten haben, sollten sie wenn sie lange schlafen wollen diese auf die Westseite platzieren, sonst wird der Hahn sie mit der Sonne wecken was im Sommer dann schon mit 3 Uhr morgens geschehen kann. (Am Wochenende – vor dem Schlafengehen?)

Ganzjahresarchitektur

Unter Ganzjahresarchitektur habe ich jetzt mal ein Hybridgewächshaus bezeichnet.
Natürlich kann man auch im Sommer im Gewächshaus arbeiten, allerdings muss man da dann auch immer gießen. Die üblichen Gewächshäuser sind nicht so konstruiert, dass man das Dach senkrechtstehend öffnen kann wenn es regnet. Ein Grund dafür ist das der Regen oft auch mit Wind zusammen auftritt und somit die Dachfenster kaputt machen könnte.
Sinn und Zweck solch einer Architektur wäre, dass man (auch nur) Direktsaaten machen kann und es auch nicht so problematisch wäre wenn der Sommer mal etwas später kommt oder der Herbst etwas früher.
Es wäre geeignet vom Hobbygärtner bis zum professionellen Gärtner.
Im Unterschied zu einem normalen Gewächshaus sind die Wände auf 3 Seiten mobil.
Auf Schienen werden diese 3 Wände zusammengeschoben und in der festen Wand deponiert. Die feste Wand ist so stark, dass die anderen Wände dort hineingeschoben werden können. So werden sie vom Wetter nicht

verschmutzt wenn sie zusammen geschoben sind und sie benötigen nicht im Herbst erst einmal einen großen Aufwand zur Reinigung.

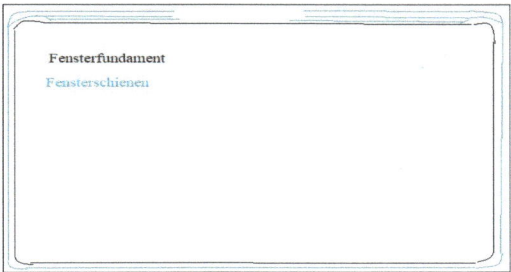

Fensterfundament

Fensterschienen

Draufsicht Fensterwandschienen

Im Sommer sollte, um die Schienen nicht zu beschädigen eine Rampe diese überbrücken, um die Pflanzenreihen mit der Schubkarre oder ähnliches zu erreichen.

Die Fenster werden mit flügelschraubenartige Sicherungen an das Gewächshausgerüst im Herbst bis Frühjahr gesichert und an die Gewächshausgerüstisolierung „angedrückt".

Das Dach wird übereinander zusammen geschoben und senkrecht an der festen Wand gesichert.

Das Gerüst des Gewächshauses bleibt unverändert stehen.

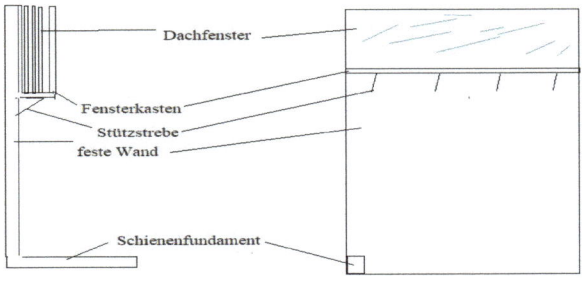

Dachfenster

Fensterkasten
Stützstrebe
feste Wand

Schienenfundament

Das Verstauen der Dachfenster

Die Beregnungsanlage bleibt das ganze Jahr über gleich. Egal ob sie vom Boden aus mit Bewässerungsschläuchen/Kanälen arbeiten oder von oben. Auf die Stützstreben sollten sie nicht verzichten, da Dachfenster doch ein gewisses Gewicht haben, welches oft als Dauerlast unterschätzt wird. Meine Empfehlung alle 50 – 75 cm. Je mehr Dachfenster desto kleiner der Strebenabstand.

Wenn also die Wände und das Dach zusammengeschoben sind, haben sie ihre Beete wie Freilandbeete offen. Wenn sie für die feste Wand eine doppelte Glaswand wählen, beachten sie das die Menge der Glaswände aneinander im zusammengeschobenen Zustand trotzdem eine starke Lichtblockade ist. Für Sonnenanbeter wählen sie daher für diese (feste) Seite die Nordwand des Hybridgewächshauses.

Für mehrere solcher Hybridgewächshäuser sollten sie die Nordseite ihrer Bepflanzungsfläche nehmen. (siehe Die Sonne im vorhergehen Kapitel).

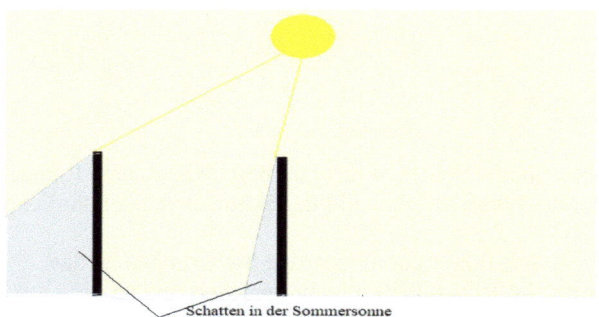

Schatten in der Sommersonne

Zukunftsmusik

Das Problem das wir heute feststellen neben der Erwärmung, ist sinkender Grundwasserspiegel.

Ein Grund dafür sind die Ackerlandgebiete. Riesen Agraanbauflächen stehen leer während ihrer Untätigkeitszeit.

Dies bedeutet wenn es Regnet ist keine Wurzel da um das Wasser im Boden fest zu halten. Es sickert einfach ab und fließt unterirdisch sofort wieder ab.

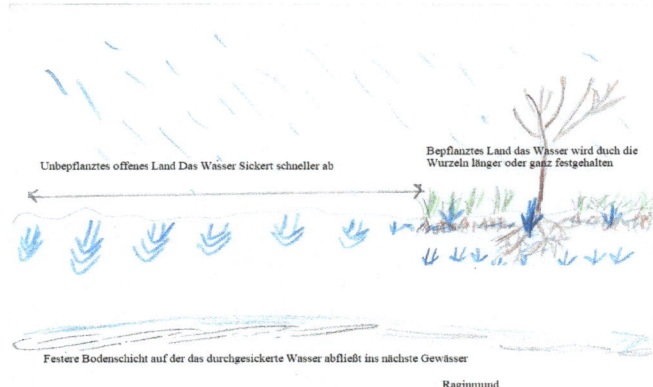

Ackerlandgebiete in der „Untätikkeitszeit"

Zwischen der Ernte und einem zweiten Anbau bis zur neuen Wurzelbildung trocknet die Erde besonders schnell aus.

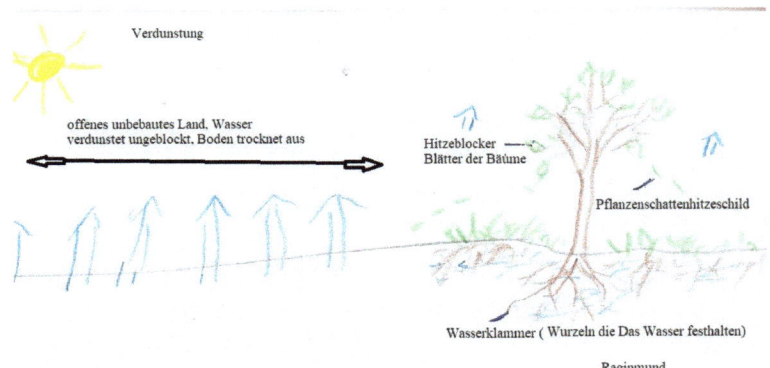

Sommeruntätigkeitszeit bis zur Wurzelneubildung

Das Problem ist je größer die offene Fläche je schneller die Bodenaustrocknung. Je kleiner die Fläche je schwieriger die Bodenbearbeitung mit schweren Maschinen. Auch um so schwieriger ist es die Wurzeln der Baumreihen nicht zu verletzen.
Wenn man Wannen aufbaut in denen Felderde liegt, würde es bei starken Regen zu stehendem Wasser kommen.
Eine Möglichkeit wäre die Wannen mit Wurzelimmitaten zu bauen.
Diese Bremsen das Wasser ab, beim Absickern halten aber im Gewebe

Wasser fest vor der Verdunstung.

Allerdings muss aber das Gewebe tiefer liegen als die Maschinenbodenbearbeitungstiefe um das Gewebe bei der Bodenbearbeitung nicht zu beschädigen. Auch muss es tiefer liegen als die zu erwartende Wurzeltiefe. Damit sich die Wurzeln nicht mit dem Gewebe verflechten und so die Netzlücken nicht verschließen und auch das Gewebe bei der Ernte nicht beschädigt wird.

Aber es werden später weniger Maschinen, auf den Feldern fahren, sonder an den Längen der Felder werden Schienen sein und auf denen eine Maschinenbrücke fährt, wenn sie den Gruber oder den Pflug zieht.

Dann werden Schweberoboter die vorgezogene Mischkultur einstecken oder mit einem Rastergitter von der Brückenmaschine eingesetzt. Bei der Direktsaat wird dann das Gitter so eingestellt, dass Platz ist für die zweite Kultur die etwas später gesät wird. Das gleiche Verfahren der Einstellung der Lücke, bei Aussatz der zweiten Kultur.

Die Saatgutkanülen sind etwas beweglich und mit Sensoren ausgestattet, damit sie die jungen Pflanzen nicht doch noch aus Versehen beschädigen. Mit einer Kamera wird an der Bodenfarbe die Nähstoffqualität beobachtet und mit einem Feuchtigkeitsmesser die Bodenfeuchtigkeit.

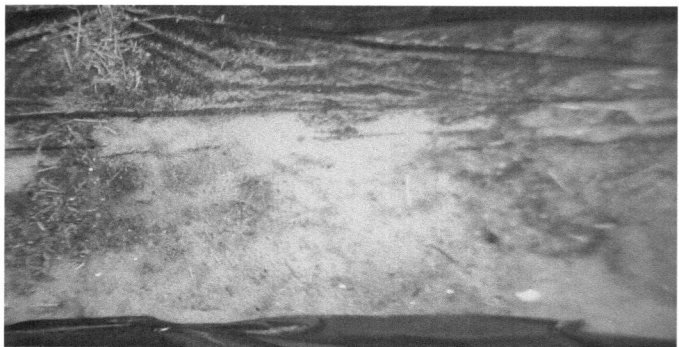

Rechts und links ist die Erde dunkler in der Mitte ist der Same nicht aufgegangen Wasser wird nicht gehalten

Mit der gleichen feinfühligen Präzession wird auch die Ernte eingeholt. So das bei manchen Mischkulturen die Lücken mit einer zweiten Aussaat aufgefüllt werden.

Nach der letzten Aussaat wird Gras ausgesät als Winterschutz und Tierfutter.

Ausstecken einer Vorkultur

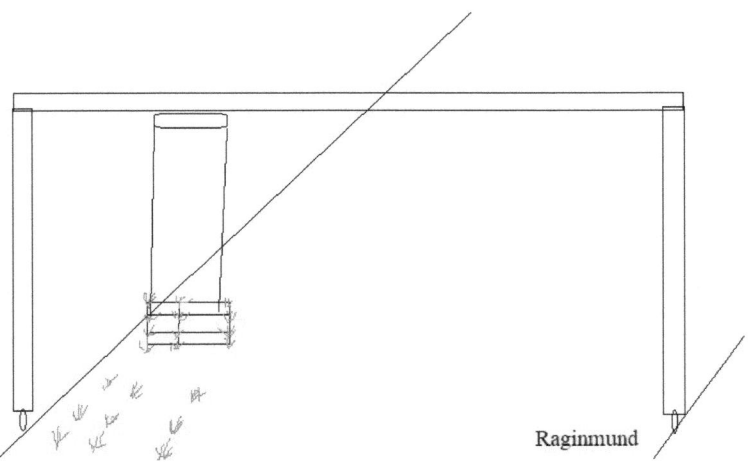

Raginmund

Sonnenbrandschutz in der Mittagssonne.
 Wenn den Pflanzen zu heiß wird gehen dann Sonnenlicht –
Dämmungsschirme auf, aus durchsichtigen Tönungssolarfächerplatten oder
Folien. Diese breiten sich aus bei Überschreitung des Lume- und
Temperaturwertes. (Lume – Lichtintensität)
Bei Schädlingsbefall werden Fangduftstoffe in Fallen freigesetzt und als
Vogelfutter... weitergegeben. Oder es werden gezielt entsprechende
Predidatoren ausgesetzt und später wieder mit entsprechenden Duftstoffen
eingefangen.

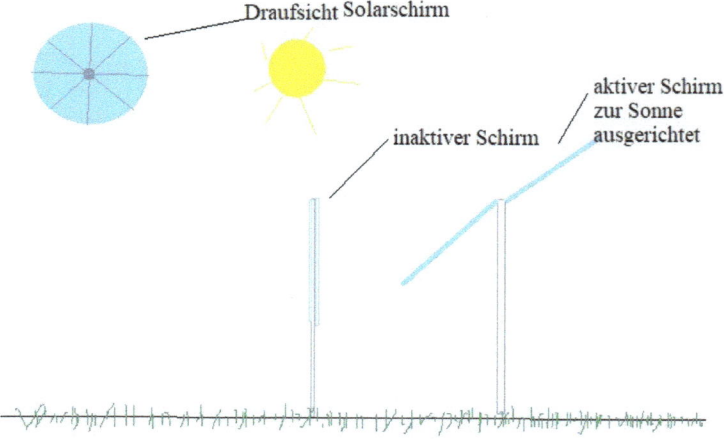

Draufsicht Solarschirm

aktiver Schirm
zur Sonne
ausgerichtet

inaktiver Schirm

Raginmund

Ideenskizze Sonnenkollektoren als Feldpflanzen Sonnenschirm

Ziel ist hierbei nicht vorrangig Strom zu produzieren, denn den will ja kein Mensch essen. Sondern Sonnenlicht- und Wärme – Überschuss zu sammeln.

Auch die Städte werden sich zum Überleben anpassen.
Ohne Wasser und Luft zum Atmen werden die Städte sich gesund sterben.
Im antiken Rom und bei den Maya hatte man auch mit Hitze zu kämpfen und man baute nicht nur an Wassergebiete. Ihre Lösung waren Aquädukte und Zisternen. Die Globale Wärmezeit hatten diese Zivilisationen auch ohne Schwerindustrie.
Aber unsere Industrie ist auch verunreinigend nicht allein erwärmend.
Wir brauchen also Luftreiniger und warum nicht welche nehmen die uns außer saubere Luft andere Bedürfnisse decken.
Allerdings wollen wir auch keine schwer belasteten Kräuter oder Früchte auf unseren Tellern haben die uns mehr schaden als helfen.
Sorry Herr Doktor, ich bin froh das du da bist wenn ich einen brauche, aber nicht froh das ich krank bleiben muss, damit du gebraucht wirst.

Großstädte Heute

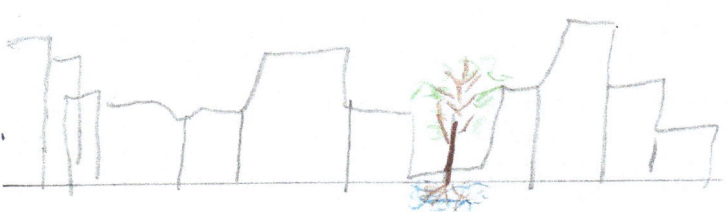

Dörfer und Gartenstädte

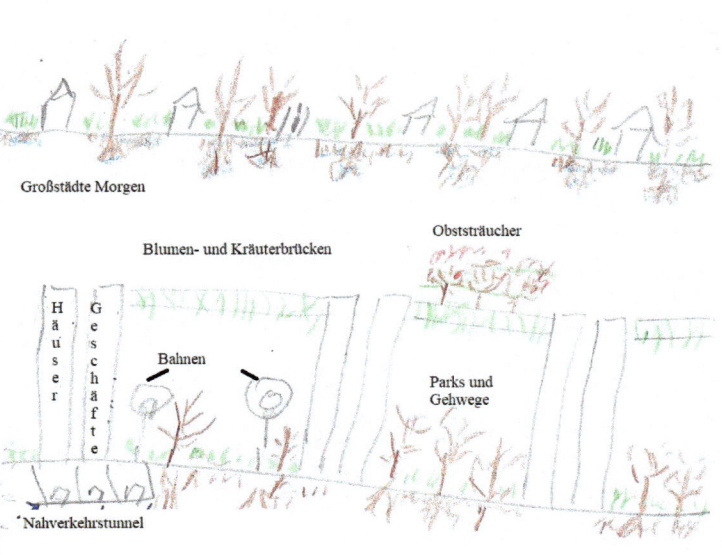

Großstädte Morgen

Obststräucher

Blumen- und Kräuterbrücken

Häuser Geschäfte

Bahnen

Parks und Gehwege

Nahverkehrstunnel

Raginmund

Quellen

Leider kann ich Ihnen nicht alle Quellen aufschreiben, ich beschäftige mich schon seid einigen Jahrzehnten mit dem Naturerhalt. Schwarzerde ist nur ein sehr kleines Thema.
Hier daher einige der letzten und aktuellen Quellen.

https://youtu.be/V-2IJeFTo9c
https://youtu.be/OMfqNPpkcU4
https://youtu.be/sY0NEmNUzOs
https://youtu.be/jD8n2CKEWtA
Aussaatkalender und Pflanzenparnterschaftstabelle von Pflanzen Kölle
https://www.landwirtschaftskammer.de/landwirtschaft/ackerbau/duengung/g
uelle/verordnung/index.htm
Foren und Soziale Media.
So wie die Native American History Bibliothek.
Landwirtschaftliches Fachwissen von meinem Vater aus meiner Jugend und Kindheit.

Quellen die ich nicht mehr nennen kann.
- Warum es in Afrika und Lateinamerika immer noch Schwarzerde gibt seid Jahrhunderten.
- 3 Felderkultur der Maya
- Römische Agrikultur
- Ägyptische Nilalgendüngung
- Naturreferat aus meiner Ausbildungszeit über die Verlandung von Seen und Flüssen

Außerdem wie sie an meinen Fotos erkennen können eigene Erfahrungen.

Nachwort

Ziel dieses kleinen Buches ist es, Ihnen mehr Erfolg im Garten zu bringen oder einfach Fragen und Zusammenhänge erklärt zu haben, die sie interessiert haben.
Die Fotos sind alle von mir gemacht in meinem Garten und die Zeichnungen wurden von mir gefertigt.

Von mir geschrieben Artikel von denen sie vielleicht den einen oder anderen interessant finden könnten finden sie auch online auf
https://reinesseelenlicht.wordpress.com/delfinschule

Für unterhaltsame Bücher von mir finden sie eine Übersicht auf der Seite
https://raginmundart.wordpress.com

Zum Beispiel: „Dan's Abenteuer in Afrika" (Kinderbuch)   engl/deut.
                „Broken Code" (Fantasy – Since fiction) deutsch

Manufacturing and Publishing:
BoD - Books on Demand, Norderstedt
ISBN 9783755734239
© Raginmund
all copy right infos by Sabam.be